L27n
24685

ISABELLE

REINE A PARIS

ACTUALITÉS

ISABELLE
Reine à Paris
ET SA COUR

RÉVÉLATIONS

PAR EUSÈBE MARTIN

25 centimes

PARIS

J. DEFAUX, LIBRAIRE-ÉDITEUR

8, RUE DU CROISSANT

1868

ISABELLE

REINE A PARIS

Isabelle III la Bouquetière.

La connaissez-vous, populations ignorantes? Oui, sans doute, mais de nom seulement, ou tout au plus de visage.

Quand vous la rencontrerez, provinciaux, fuyez son dangereux abord.

Elle répond au nom d'Isabelle et a quarante. . . . .
. . . .
. . . .
. . . .

printemps! Mais pour cela elle n'est ni plus jolie, ni plus aimable qu'au temps jadis.

La Restauration la vit naître sans se douter de la grande figure à venir qui voyait alors le jour.

Dans un obscur hameau elle passa sa jeunesse à garder les vaches. Cette société habituelle ne lui a, depuis, jamais manqué. Au lieu de quatre jambes, celles qui l'entourent n'en ont que deux; mais valent-elles les anciennes? Nous ne le pensons pas.

Sous sa robe de bure et dans ses sabots notre jeune campagnarde rêvait aux grandeurs, elle voyait dans un lointain avenir et le velours, et la soie, et les lambris dorés qui ont tourné tant de têtes. La saine odeur de l'étable lui répugnait, elle préférait le parfum fugitif des roses.

*
* *

Elle vient à Paris, et là, bouquetière ambulante d'abord, puis protégée, à quel prix? . . . .
. . . .
de quelque gandin en goguette, elle arriva par des degrés qu'il serait trop long d'énumérer ici à cette position qui lui est tant enviée.

Nous sommes trop discrets d'ailleurs pour fouiller la vie privée des gens : ce serait parfois dangereux et on ferait ainsi taxer de calomnie et de diffamation de simples et bonnes médisances.

Sa famille cependant, Isabelle ne l'avait pas oubliée ; dans sa prospérité, elle sut se souvenir de ceux qui avaient entouré de soins son enfance, et quand elle eut acquis la fortune, elle conçut l'idée charitable de leur en faire partager le bénéfice.

C'est pour cela qu'un jour tout un village revêtit ses nippes et hardes du dimanche et s'élança vers Paris, où l'attendait cette parente qu'on comblait de bénédictions. L'un devait être libéré du service militaire ; un autre, doté ; un troisième, établi, etc., etc.

Peau de satin... jaune, vaines espérances ! Notre bouquetière est grande et généreuse, mais pas au point de dilapider son bien en dons stériles : faire parade de son opulence aux yeux de ses parents pauvres était la douce satisfaction qu'elle se ménageait. Les manants s'en aperçurent bien le lendemain quand les gens d'Isabelle (*Isabelle a des gens, elle a même voiture*), quand les gens d'Isabelle les vinrent expulser avec les restes du festin qu'elle leur avait fait servir?

« C'est l' veau et la salade
« Qu'ont fait mal à c't'enfant. »

C'était jour des courses, et seraient-elles possibles si la sémillante marchande de fleurs n'y venait distribuer ses sourires et étaler ses toilettes plus originales que bien choisies?

*
* *

Je le sais, je me fais en ce moment une ennemie mortelle ; je touche à l'AMIE INTIME de nombre de *ces dames* et des plus huppées ; notre héroïne ne prodigue ni ses fleurs ni ses faveurs. Et si par malheur quelque pauvre diable ébriolé vient à s'approcher d'elle et à lui adresser quelque propos un peu leste, Isabelle sait venger sa *pudeur outragée* et conduire le malheureux devant la police correctionnelle pour attentat à ses mœurs.

Mais toute médaille a son revers, et mieux que personne le concierge de la rue de Berlin... (trois lignes coupées par l'imprimeur).

⁎
⁎ ⁎

Au surplus, c'est lui faire bien de l'honneur que de nous appesantir si longtemps sur elle : si nous en avons parlé, c'est que, de nos jours, sa *robe Gladiateur* personnifie en elle le genre bouquetière tout entier contre lequel nous avons de justes raisons de nous élever.

Dans le temps où nous vivons, on ne sait vraiment ce qui est le mieux d'admirer ou de déplorer l'impudence avec laquelle des femmes, des jeunes filles, des enfants même, viennent vous assassiner de leurs propositions et de leurs demandes. Sur les promenades, dans les théâtres, dans les bals publics, dans les restaurants même, presque à domicile, on est sans cesse en-

vironné d'une foule de ces marchandes. .
. . . .
de fleurs. L'une vous harcelle à droite, tandis que sa compagne à gauche met de force une rose à votre boutonnière.

Êtes-vous au théâtre avec une femme, la bouquetière vous assaille à l'entrée, dans les corridors et jusque dans votre loge. Gardez-vous bien de sortir un instant de votre place en laissant votre compagne : la bouquetière est là qui veille et qui s'introduit aussitôt pour offrir sa marchandise en votre nom, en violant votre bourse.

*
* *

Ceci nous remet en mémoire une petite aventure arrivée dernièrement, non pas à

notre chère Isabelle, mais à sa collègue
d'un petit théâtre, et qu'elle fera bien de
méditer soigneusement. La direction de
cette boîte à musique est, on le sait, pleine
de déférence pour tout ce qui touche de
près ou de loin à la cocotterie, qu'elle exploite à gogo. C'est une tradition, et l'administration actuelle est trop intelligente
pour y déroger en se montrant un peu
douce pour le pauvre monde honnête. On
avait autorisé une petite brune assez piquante, quoique édentée, à vendre des
bouquets sous le vestibule, puis bientôt
dans les corridors, et enfin dans la salle
même.

Bien des victimes de ses obsessions ou
de ses réponses insolentes avaient porté
plainte au directeur, mais mademoiselle
Chieneffaré ayant plaidé sa cause devant
l'aréopage, il avait été décidé qu'injurier

le monde honnête et payant était un droit bien acquis de la bouquetière, un des plus beaux fleurons de sa couronne et une chose précieuse à tout théâtre qui se respectait.

Enhardie par ce succès, elle avise l'autre soir dans une loge deux de nos amis et leurs maîtresses ; ces dames sont charmantes et maint spectateur enviait le sort de leurs compagnons; c'est ici que doit commencer un des rôles les plus fructueux de la bouquetière : on choisit le moment où les cavaliers ont quitté la loge, pendant un entr'acte, et en remettant un bouquet aux dames, on fraude la poste du port de deux billets.

Mais, hélas! ici la gentille commissionnaire avait singulièrement manqué d'adresse, et les deux couples de la loge allaient se plaindre sur l'heure à la direction.

Les cavaliers sont deux de nos confrères d'une de nos grandes feuilles politiques.

L'administration dut s'exécuter et la bouquetière est exclue de l'intérieur du théâtre. Cependant, cocodettes, rassurez-vous, sous le vestibule elle continue encore son commerce et ses importunités.

Que ceci serve de leçon à ses compagnes. Il est bon d'être protégé par la haute bicherie, mais dans tout endroit honnête cela est bien loin de suffire, et la plainte d'un galant homme peut être parfois plus puissante que la voix de madame Pearl.

Nous sommes les premiers à approuver les femmes qui, avec le peu de ressources qu'elles ont pour vivre, cherchent un gain licite dans un négoce honorable, mais nous ne saurions admettre un seul instant que sous le voile du commerce on se livre au proxénétisme, à la prostitution ou à la mendicité.

Que Saint-Lazare et Villers-Cotterets nous protègent !

L'hypocrisie de Cora.

Les courtisanes de la Grèce avaient l'hypocrisie des larmes.

Laïs jouait la désolée, quand elle voulait obtenir un présent d'Alcibiade. Celles de Paris ont trouvé aujourd'hui l'hypocrisie du sang !

Le comte M. fut-il, il y a quelques années, sincèrement aimé de Cora Pearl ; mais cet amour n'était pas complétement désintéressé, et, pour s'entretenir la main, Cora priait parfois son amant d'exaucer ses fantaisies.

⁎
⁎ ⁎

Un jour qu'il avait refusé la veille à sa maîtresse une paire de chevaux, je crois, le comte, en arrivant au petit hôtel des-Champs-Élysées, trouva Cora, dans son boudoir, le teint pâle, les yeux cernés, les joues illuminées de deux petites pommettes rouges, étendue sur un sofa et enfouie sous un flot de mousseline.

Elle lui fit un signe de tête.

« Vous paraissez souffrante, lui dit le comte en la baisant au front.

— Oui, j'ai eu hier une contrariété qui m'a beaucoup fatiguée. »

Et Cora se mit à tousser d'une petite toux sèche.

« Etes-vous allée au bois aujourd'hui ? fit M. M... en allumant un cigare, sans se soucier du malaise de sa maîtresse.

— Non, j'avais dit à tous mes amis que vous m'aviez envoyé les chevaux que je vous avais demandé : je ne sortirai pas sans qu'ils soient attelés à ma voiture.

— Je vous ai dit, ma chère amie, que, quant à présent du moins, cela m'était impossible.

— Impossible ! parce que vous ne m'aimez plus. Ah ! c'était peut-être ma dernière fantaisie, ajouta Cora Pearl en portant à ses lèvres un mouchoir de fine batiste. »

La jolie femme toussa et cracha; puis, montrant une tache de sang qui s'étalait sur l'étoffe blanche :

« Tenez, dit-elle d'une voix mourante :

— Ah ! fit le comte, elle est mauvaise celle-là..., je la connais... Esther m'a débiné le truc ! C'est pas malin ! Vous vous piquez les gencives avec une épingle !

Rue Navarin, n°..

... Rue de Navarin, numéro..., au premier étage.

Huit heures du soir.

« Mlle Nitha ? je vous prie.

— C'est bien ici. — Le nom de monsieur ?

— Ernest C...

— Ah ! madame vous attendait. »

Et, tout joyeux de cette réponse, notre héros pénètre dans un somptueux boudoir où une blonde nymphe de Mabille-Park, perdue dans des flots de mousseline et de dentelle, grignotte des pralines roses.

« Bonsoir, petit, lui dit-elle.

— Je vous baise les mains, répond-il en posant ses lèvres sur le front de Nitha, et passant autour de son cou un ruban moiré qui soutient un médaillon ovale.

— Oh ! qu'est-ce que cela ?... Un faux bijou !... »

Ernest rougit.

« Bah ! reprend-elle à la légère, l'intention y était. ..... Veux-tu des pralines. Et elle met un bonbon entre les lèvres du jeune homme. « Assieds-toi là, ajouta-t-elle en lui approchant un pouf de tapisserie. »

Puis, passant sa main sur le front d'Ernest, elle rejette en arrière les boucles de ses longs cheveux noirs :

« Il faudra faire couper cela ; tu manques de chic ! A la Bressant ! c'est plus coquet... Tu as de belles dents, sais-tu ?... J'ai peur de trop t'aimer.

⁂

« As-tu faim, chéri?

— Je t'aime! répond Ernest en couvrant Nitha de baisers...

— Bah ! tu mangeras... J'ai faim tous les soirs, moi. Il est minuit : Fanny, à souper. »

⁂

Une heure du matin...
« Fais-moi une cigarette. »
Ernest obéit machinalement.
« Encore du Champagne !
— Volontiers, mais tu m'aimes ?
— J'ai sommeil !..., » fit Nitha en souriant.

⁎ ⁎
⁎

Neuf heures du matin...

« Comment ! tu m'aimes et tu n'a pas vingt-cinq louis ?

— Hélas ! »

Et le jeune homme pleurait en songeant qu'il allait se séparer de Nitha faute d'une pincée d'or.

« Bêta, va ! lui dit-elle en l'entourant de ses bras blancs, c'est pour rire... Allons, monsieur, donnez-moi vos beaux yeux que je les sèche avec un gros baiser. »

Puis, ayant jeté un regard furtif sur la pendule :

« A ce soir ! » dit tout à coup Nitha.

— A ce soir ! répéta Ernest...

... Et il partit heureux.

* * *

A partir de ce jour, le bureau n° 2, section de la..., au Crédit foncier, ne revit plus monsieur Ernest...

. . . .

Cependant le concert des Champs-Élysées, les avant-scènes du Théâtre, Mabille, etc..., reçoivent fréquemment la visite du jeune homme; il est mis à la dernière mode. Bottines à tiges blanche, lunettes, longues moustaches.

Vous pouvez admirer sa compagne, Ernest ne se fâchera pas.

Lettre de la Périchole

A SON AMI SATAN

(qui voulait faire un Diable-à-Quatre)

« Mon cher Satan,

« Tu me demandes la quatrième corne de ton diable ; pourquoi ne pas t'adressser à. . . . . . ce haut personnage, si haut que je n'ose écrire son nom ? Il en est plus pourvu que moi !

« Sans doute, tu me préfères à lui, c'est fort galant de ta part, et cela te vaudra deux fauteuils d'orchestre premier rang.

« Mais je suis fort embarrassée, et ne sais trop que te conter.

« Voici pourtant quelques anecdotes, fais-en des choux, des raves, des papillottes, à ton gré (1). »

PAPILLOTTES.

La bêtise de Félicie Delorme est aussi grande que sa bouche.

Samedi de l'autre semaine, la ci-devant jeune actrice donnait une petite soirée à laquelle était invité notre cher ami B...

B... entra escorté d'un sien ami, arrivé depuis peu à Paris.

« Bonjour, ma chère, dit-il à Félicie, je te présente M. Emile T..., charmant garçon, dix-neuf ans, fils du préfet de ***, l'avenir de la France.

— Comment! s'exclama la cabotine en

---

(1) Va pour les Papillottes. — Satan.

examinant Emile T..., si jeune et déjà le fils d'un préfet! »

* * *

Thérésa adore la campagne, Montmorency surtout; c'est sans doute parce qu'il y a des ânes, et... Grégory Ganesco.

Un soir de cet été qu'elle avait été passer la journée dans la ville aimée de Jean-Jacques, elle vint au foyer du théâtre.

« Je suis éreintée! dit-elle en tombant sur le canapé.

— Tu quittes Capoul? fit Dupuis en souriant.

— Quelle méchanceté! Mais non, j'arrive de *Mémorency*.

— *Mont!* lui soufflai-je.

— Tu crois? cependant...

— Thérèse a parfaitement raison, répondit Grenier; on dit *Montmorency* au singulier et *Mémorency* au pluriel. »

*
* *

Une indisposition subite éloigne Mlle X... de la scène.

On prétend qu'elle a la rougeole.

Il ne lui manquait plus que cette maladie-là !

*
* *

Je viens de retrouver sur mon carnet une annonce copiée à la foire de Saint-Cloud.

La voici dans toute sa splendide naïveté.

Phénomène le plus extraordinaire qui ait jamais existé !

C'EST UNE GÉNISSE AGÉE DE 5 ANS

LES 2 SEXES SONT RÉUNIS ENSEMBLE

dans une seule tête.

C'est imprimé !

*
* *

« Certes, disait le petit Hamburger à son ami Kopp, l'île de *Cuba* est la perle des Antilles ; mais !...

— Mais ?...

— On ne peut nier que!...

— Que?...

— Qu'on ne peut pas y récolter de *cacao.* »

* *
*

Emile de Girardin se présente il y a quelque temps chez M. Buloz pour acquérir sa revue.

« Voyons, mon cher confrère, dit le grand publiciste, la *Revue des Deux-Mondes* est un monument littéraire qu'il ne faut pas laisser tomber en ruines; vous n'êtes plus jeune, il faut penser à l'avenir!

— C'est vrai, c'est vrai, mais...

— Quoi?

— J'ai une crainte.

— Laquelle?

— J'aurais peur que vous y écriviez!!! »

*
* *

C... vient de recevoir la décoration de Medji-Dié.

Il rencontre de M... l'autre jour sur le boulevard.

« Tu vois, » lui dit-il radieux en lui montrant sa boutonnière fleurie.

De M... n'était pas de bonne humeur ce jour-là.

Et, tournant le dos au malheureux C... :

« Parbleu ! s'écria-t-il, des décorations comme la tienne, il suffit de se baisser pour en prendre. »

*
* *

Un domestique intelligent vient de se venger de son maître d'une façon originale.

Le banquier chez lequel il servait avait, dans son cabinet de travail, un cornet acoustique correspondant à toutes les pièces de son appartement.

La veille de son départ, Joseph souffla dans le cornet, et son maître lui répondit aussitôt par un coup de sifflet.

« Monsieur y est-il ? demanda le larbin facétieux.

— Oui ! » répondit le banquier.

Et il prêta l'oreille avec attention.

« Écoutez, » ajouta Joseph.

Puis, plaçant l'embouchure du tuyau... vous devinez où..., il envoya bruyamment à son maître... un... adieu bien senti.

Paris, imprimerie Jouaust, rue Saint-Honoré, 338.

www.ingramcontent.com/pod-product-compliance
Lightning Source LLC
Chambersburg PA
CBHW060520050426
42451CB00009B/1078